생활 속 모든 물건을 예쁘게 꾸며주는
## 고양이 십자수

© LIBELLA, Paris, 2013
This book is a translation of "Les chats au point de croix" first published in France by LIBELLA under the imprint Le Temps Apprivoisé in 2013.

Korean translation © MustB, Seoul, 2014

이 책의 한국어판 저작권은 Icarias Agency를 통해 LIBELLA와 독점 계약한 머스트비에 있습니다.
저작권법에 의하여 한국 내에서 보호를 받는 저작물이므로 무단 전재와 복제를 금합니다.

생활 속 모든 물건을 예쁘게 꾸며주는

# 고양이 십자수

피렛트 사모이로프 지음 | 유서연 옮김

머스트비

## 차례

- 십자수 강의 　　　　　　　　　　　　　　6
- 꽃밭을 산책하는 고양이 가방 　　　　　　8
- 깨물어주고 싶을 만큼 귀여운 새끼 고양이 노트 　　12
- 향기로운 고양이 라벨 　　　　　　　　　18
- 이상한 나라의 앨리스 고양이 벽장식 　　22
- 나비와 숨바꼭질하는 고양이 상자 　　　　24
- ABC 놀이하는 고양이 파우치 　　　　　　28
- 장난꾸러기 수고양이 서류 라벨 　　　　　32

- 빗자루 탄 마녀 고양이 열쇠걸이　　　　　　　　36
- 꽃무늬 고양이 화장솜 주머니　　　　　　　　　40
- 귀족 고양이 앨범　　　　　　　　　　　　　　44
- 고양이와 생쥐 발레단 쿠션　　　　　　　　　　50
- 샴고양이 핀킵　　　　　　　　　　　　　　　54
- 미풍에 노래하는 새끼 고양이 옷걸이　　　　　　56
- 내 아이를 위한 3단 고양이 쿠션　　　　　　　　60
- 도시의 길고양이 그림　　　　　　　　　　　　64

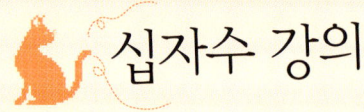
## 십자수 강의

### *십자수 원단

여기서는 십자수 원단으로 14카운트 린넨을 사용합니다. 수를 놓기 전, 원단이 풀어지지 않도록 원단의 네 면을 감침질하세요. 그리고 천을 네 겹으로 접어 장식 핀이나 자수용 펜으로 중앙을 표시해 둡니다. 그다음, 천을 둥근 자수틀에 끼워 팽팽하게 당겨야 쉽게 수를 놓을 수 있습니다.

### *바늘과 실

바늘은 끝이 둥글고 바늘귀가 넓은 것으로 고르세요. 실은 6가닥이 뭉쳐있는 면사를 사용합니다. 일반적으로 크로스스티치로 모티브를 수놓을 때는 실 2가닥을 뽑아 쓰고, 백스티치 할 때는 실 1가닥을 사용합니다.

 **Tip**

다림질할 때 불거짐을 방지하기 위해, 실을 갈 때 매듭을 짓지 마세요. 첫 번째 수를 놓을 때, 천의 뒷면에서 앞면으로 실을 통과시킵니다. 이때, 뒤에 3cm의 실을 남겨놓고 당긴 뒤, 다음 수를 놓으면서 뒷면 기둥에 꼬투리를 고정하세요. 그리고 바늘에 꿴 실이 떨어져 3cm 정도 남았을 때, 실을 천 뒷면으로 빼서 이미 수놓아진 땀 밑으로 밀어 넣어서 마무리합니다.

## *스티치 강의

### • 십자수 시작하기

도안에서 두 개의 검은색 화살표가 교차하는 지점인 중앙을 찾은 다음, 원단의 중앙에서부터 자수를 놓기 시작합니다. 만약 중앙에 자수가 없다면, 자수를 놓는 가장 가까운 지점까지 정사각형의 수를 세어 첫 번째 자수 자리를 찾으세요.

### • 크로스스티치

두 개의 바늘땀을 십자로 교차시켜 수놓는 것으로, 가장 대표적인 스티치입니다. 우선 왼쪽에서 오른쪽 방향으로, 일렬로 수를 놓습니다. 그다음, 오른쪽에서 왼쪽으로 되돌아오면서 X자 모양이 되도록 수를 놓습니다. 단, 모든 수는 반드시 같은 방향으로 놓아야 합니다. 바닥스티치는 왼쪽 끝에서 시작하여 오른쪽 위로 가로지르는 식으로 놓고, 바닥스티치에 걸쳐지는 탑스티치는 오른쪽 밑에서부터 시작해 왼쪽 위로 가로지릅니다.

★도안에는 색깔 사각형으로 표시됩니다.

### • 3/4 크로스스티치

먼저, 왼쪽 하단에서 오른쪽 상단으로 향하는 1/2 크로스스티치로 시작합니다. 그다음, 도안에 표시된 대로 대각선 아래나 위에 1/4 크로스스티치를 하세요.

★도안에는 색깔 삼각형으로 표시됩니다.

### • 프렌치넛스티치(매듭짓기)

1번 지점으로 실을 빼낸 다음, 실로 바늘을 두세 번 감습니다. 바늘을 천천히 빼서 1번 지점 바로 옆에 다시 바늘을 꽂아 내립니다.

★도안에는 색깔이 있는 작은 원으로 표시됩니다.

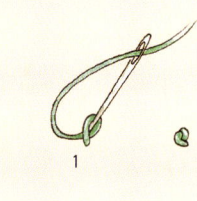

### • 백스티치

실을 1번 자리로 뺍니다. 그다음, 바늘을 2번 자리에 꽂고 3번으로 나오게 합니다. 단, 1번과 2번 사이의 간격이 1번과 3번 사이의 간격과 같아야 합니다.

★도안에는 색깔 선으로 표시됩니다.

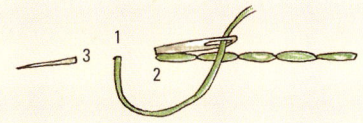

# 꽃밭을 산책하는 고양이 가방

햇살이 눈부신 이른 아침이에요. 고양이가 정원으로 나와 가방을 메고 소풍 가자고 당신에게 손짓하네요.

### ♥ 준비물
- 14카운트 흰색 린넨 원단– 27×15cm   • DMC 면사– 색깔별로 1타래씩(아래 색 도안표 참조)   • 두꺼운 접착심– 27×10cm
- 가방과 손잡이 겉감에 사용할 줄무늬 천– 64×55cm   • 가방과 손잡이 안감에 사용할 별무늬 천– 64×55cm

### ♥ 자수 놓기
면사 두 가닥으로 린넨 원단의 중심에서부터 모티브를 수놓으세요.

### ♥ 바느질하기
❶ 접착심을 자수 뒷면에 붙이고, 접착심 뒷면에 27×10cm 크기의 직사각형을 그립니다. 둘레에 1cm 여분을 주고 자른 뒤, 여분의 원단을 안쪽으로 접어 넣고 다림질합니다.

❷ 줄무늬 천과 별무늬 천 뒷면에 각각 27×23cm 크기의 직사각형 두 개와 64×4cm 크기의 직사각형을 하나씩 그립니다. 이제 선을 따라 재단하세요.

❸ 큰 직사각형(27×23cm)으로 자른 줄무늬 천 중 하나를 골라, 앞면에 자수를 핀으로 고정합니다. 이때, 가로 길이를 보며 중심을 맞추되, 6cm 높이에 고정하세요. 그다음, 0.2mm 간격으로 재봉합니다.

❹ 큰 직사각형 줄무늬 천 두 개를 앞면끼리 마주 보게 포개어 놓습니다. 2cm 시접을 남겨두고 양옆과 바닥 부분을 바느질한 후, 바느질 선에서 1.5cm 시접을 남겨놓고 재단합니다. 가방 밑바닥 모서리는 바닥 옆 바느질 솔기를 가름솔로 만들어 평평하게 펴주세요. 밑바닥 모서리의 뾰족한 끝 부분을 옆 부분 솔기와 수직으로 직각이 되게 3cm 가량 바느질하세요. 다른 쪽 밑바닥 모서리도 똑같이 바느질한 다음, 바닥 모서리 천의 끝 부분을 잘라내고 뒤집으세요.

❺ 위와 같은 방법으로 별무늬 천으로 안감을 만듭니다. 단, 바닥 부분에 10cm 정도 창구멍을 남겨 놓고 바느질하세요.

❻ 손잡이를 만들 차례예요. 64×4cm 크기의 줄무늬 천과 별무늬 천을 앞면끼리 마주 보게 포갭니다. 포개진 두 천의 양옆을 길이에 따라 바느질하고, 앞면으로 뒤집어서 다림질합니다.

❼ 손잡이 줄무늬 천 끝 부분을 가방 앞면과 마주보게 포개되, 옆 부분의 바느질 선 위에 걸쳐 놓은 다음, 몇 땀 시침질합니다. 다른 쪽도 똑같이 하세요.

❽ 가방 안으로 안감을 집어넣되, 안감 앞면과 가방 앞면이 마주 보아야 합니다. 가방 윗부분 둘레 전체를 손잡이 부분까지 바느질합니다. 창구멍을 통해 겉으로 뒤집어서 다림질한 뒤, 가방 바닥에 있는 창구멍을 공그르기로 메웁니다.

자수 크기– 20×8cm · 완성된 작품(가방) 크기– 24×23cm

# 깨물어주고 싶을 만큼 귀여운 새끼 고양이 노트

수채화, 파스텔화, 목탄화 등 어떤 기법으로든지 고양이는 노트 한 권을 채우는 훌륭한 소재가 됩니다.

### ♥ 준비물
- 14카운트 흰색 린넨 원단– 64×20.5cm
- DMC 면사– 색깔별로 1타래씩
- 양면 접착심– 15×10cm
- 표지 모서리에 붙일 판타지 천(팬시아이템 천)– 15×10cm
- 두툼한 노트– 23×16cm

### ♥ 준비하기
1. 흰색 린넨 원단 둘레를 지그재그스티치로 감침질한 다음, 원단의 중심을 찾습니다.
2. 린넨 원단 세로 방향의 양 끝을 2cm 안으로 접고, 가로 방향의 양 끝을 7cm 안으로 접은 뒤, 다림질하세요.
3. 판타지 천의 양 끝을 1cm씩 접어 감침질한 다음, 밑변이 7cm인 삼각형 플랩(flap) 두 개를 만듭니다.

### ♥ 자수 놓기
면사 두 가닥으로 모티브를 수놓으세요. 이때, 자수는 노트 커버의 오른쪽에 맞춰 중심을 찾습니다.

### ♥ 바느질하기
1. 양면 접착심에 밑변이 7cm인 삼각형 두 개를 그린 뒤 재단합니다. 모서리 덮개의 심이 생겼네요.
2. 모서리 덮개(플랩)를 공그르기한 다음, 심과 함께 린넨 모서리에 고정합니다.
3. 노트 커버를 다림질한 다음, 안쪽에 노트를 집어넣으세요.

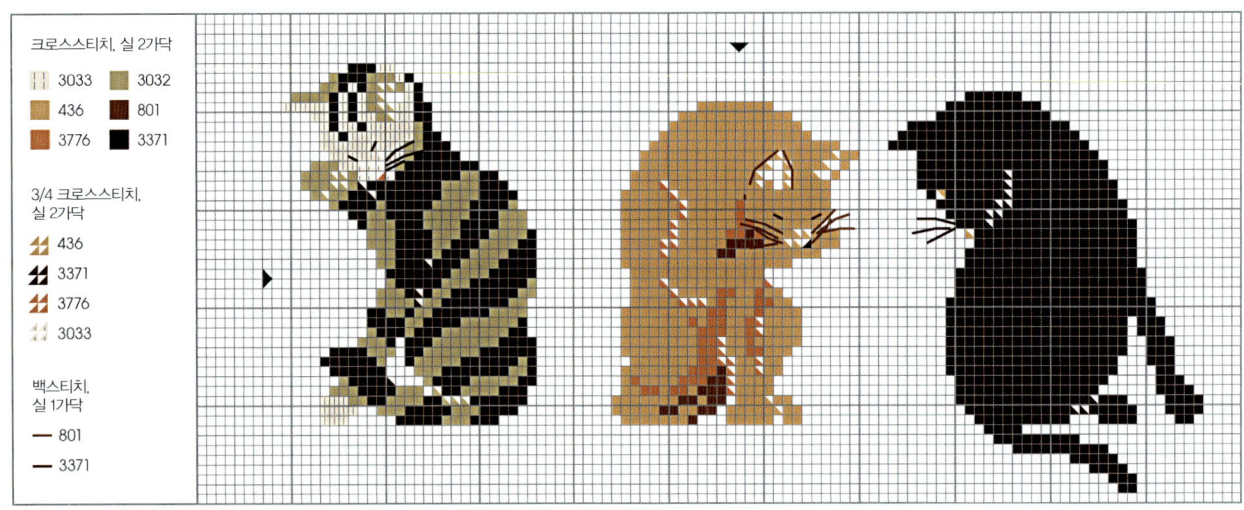

자수 크기– 17.5×8cm · 완성된 작품 크기– 23.5×16.5cm

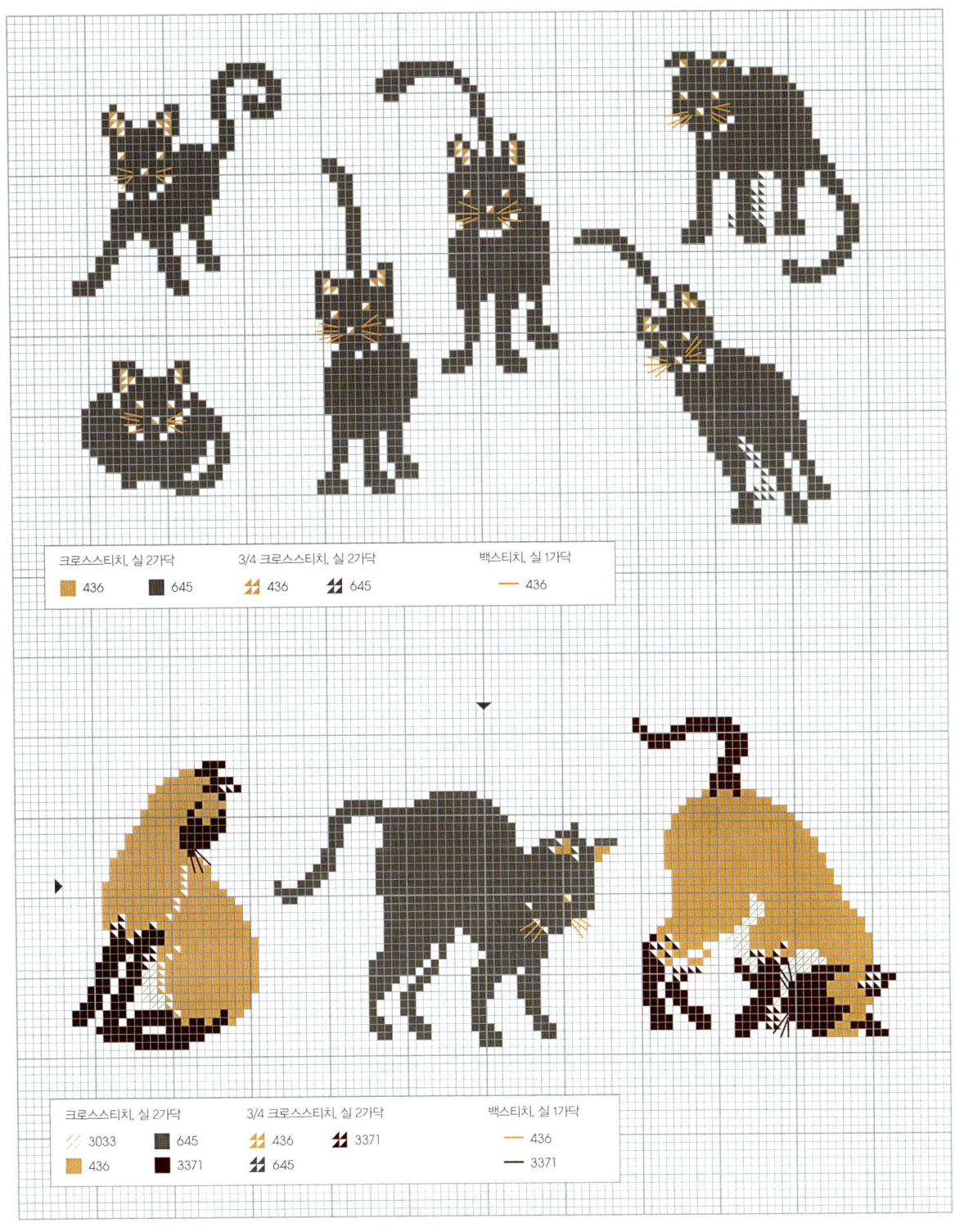

# 향기로운 고양이 라벨

빈티지 와인 숍 스타일의 심플한 라벨은 일상적인 물건을 멋진 장식품으로 바꿔줍니다.

### ♥ 준비물
- 14카운트 흰색 린넨 원단- 25×15cm
- DMC 면사- 색깔별로 1타래씩
- 접착심- 21×11cm
- 톱니가위 1개

### ♥ 자수 놓기
면사 두 가닥으로 린넨 원단 중심에서부터 모티브를 수놓으세요.

### ♥ 만들기
❶ 접착심을 자수 뒷면에 붙입니다.
❷ 접착심 둘레를 따라 선을 그린 뒤, 톱니가위로 자르세요.
❸ 라벨을 유리병에 붙입니다.

### Tip
**라벨을 천으로 만든 밴드에 붙일 수도 있어요.**

❶ 유리병 둘레를 잰 다음, 밴드의 세로 폭을 자유롭게 정합니다. 세로 폭에 3cm, 둘레 길이에 2cm를 더한 뒤, 천 밴드를 자르세요.
❷ 양옆 끝을 안쪽으로 1.5cm 가량 접어 지그재그스티치를 합니다.
❸ 앞면끼리 마주 보게 포갠 뒤, 세로 방향으로 밴드를 반으로 접습니다. 그리고 천과 천이 맞닿는 옆 부분 끝을 박음질합니다. 이렇게 만든 밴드 위에 자수 라벨을 붙인 다음, 밴드를 병에 끼우세요.

고양이 세계

**크로스스티치, 실 2가닥**
- 309
- 3033
- 436
- 801
- 3364
- 160

**3/4 크로스스티치, 실 2가닥**
- 3033

**백스티치, 실 1가닥**
- 3033
- 801
- 3371

자수 크기- 17.5×8.5cm · 완성 작품 크기- 21×11cm

# 이상한 나라의 앨리스 고양이 벽장식

이상한 나라에서 온 앨리스 고양이는 어두컴컴한 밤에도 어린아이들을 미소로 지켜줍니다.

### ❤ 준비물
- 14카운트 흰색 린넨 원단– 30×26cm
- DMC 면사– 색깔별로 1타래씩

### ❤ 자수 놓기
면사 두 가닥으로 린넨 원단 중심에서부터 모티브를 수놓으세요.

자수 크기– 18×17cm

# 나비와 숨바꼭질하는 고양이 상자

차분한 느낌을 주는 작고 예쁜 상자를 꾸며보세요. 이 상자 속에 나만의 소중한 물건을 넣어두면 어떨까요?

♥ **준비물**
- 14카운트 흰색 린넨 원단– 20×20cm
- DMC 면사– 색깔별로 1타래씩
- (상자 표면에 붙일)혼방 멜턴– 11×11cm
- 접착심– 15×15cm
- 판타지 천– 36×7cm
- 다양한 색의 바이어스– 36cm
- 3mm 두께 마분지– 13×13cm
- 천 접착제
- 지름 11cm 짜리 원통형 상자 한 개

♥ **자수 놓기**
면사 두 가닥으로 린넨 원단 중심에서부터 모티브를 수놓으세요.

♥ **바느질하기**
❶ 자수 뒷면에 접착심을 붙입니다. 1.5cm 시접을 남겨두고 여분의 원단을 재단합니다.
❷ 마분지 위에 상자의 지름과 둘레에 맞게 원을 그린 뒤, 자릅니다. 자른 마분지 위에 혼방 멜턴을 포갠 다음, 자수 뒷면을 혼방 멜턴에 포개어 맞춥니다. 린넨 원단의 둘레 부분을 마분지 뒤로 접어서 붙입니다.
❸ 뚜껑 둘레에 바이어스를 붙인 다음, 자수를 뚜껑 위에 붙입니다. 자연스럽게 마르도록 잠시 놔두세요.
❹ 상자 높이에 맞춰서 판타지 천의 윗부분과 아랫부분을 1cm 안으로 접어 다림질한 뒤, 상자 둘레에 붙입니다. 이제 바이어스로 자유롭게 꾸미세요.

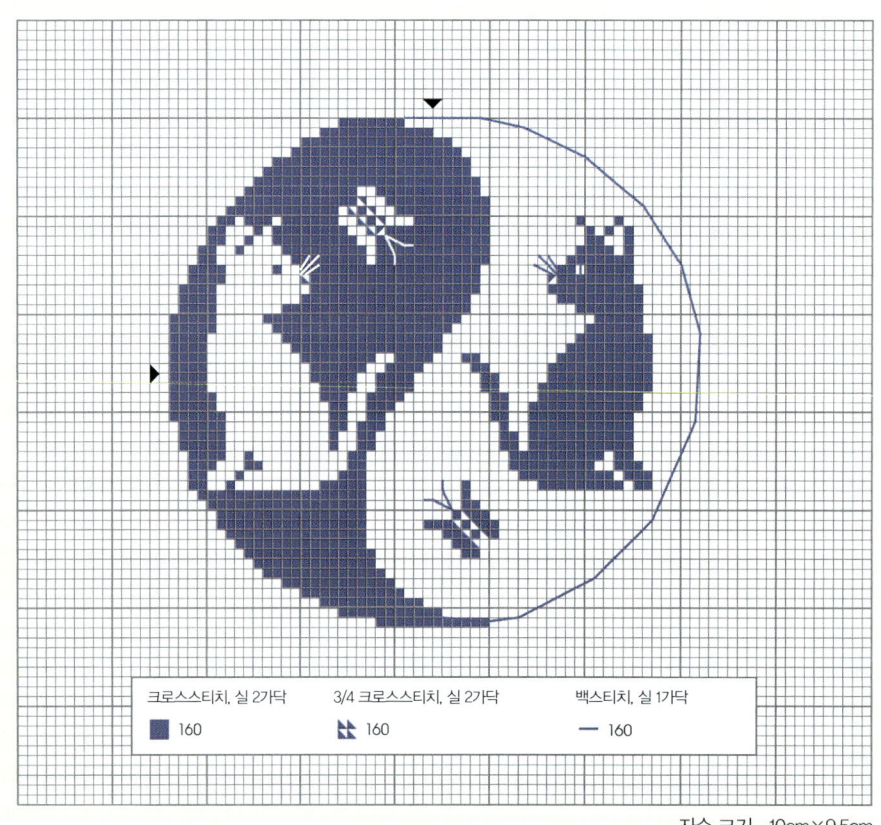

자수 크기– 10cm×9.5cm

# ABC 놀이하는 고양이 파우치

우리의 친절한 친구 고양이는 모든 것이 가지런해지기 전까지 잠을 자지 않아요. 수놓은 알파벳들이 파우치 위에 나란히 잘 붙어 있군요!

### ♥ 준비물
- 14카운트 흰색 린넨 원단- 32×22cm  • DMC 면사- 색깔별로 1타래씩  • 접착심- 10×10cm, 두꺼운 접착심- 26×16cm
- 판타지 천-48×26cm, 자투리 판타지 천 조금  • 마분지 한 장- 15cm 길이  • 천 접착제

### ♥ 자수 놓기
면사 두 가닥으로 린넨 원단 중심에서부터 모티브를 수놓으세요.

### ♥ 바느질하기
1. 자수 뒷면에 두꺼운 접착심을 붙인 뒤, 접착심 뒷면에 22×12cm 크기의 직사각형을 그립니다.
2. 판타지 천을 16×26cm 크기의 직사각형 세 개로 재단합니다. 각각의 조각 뒷면에 12×22cm의 직사각형을 그립니다.
3. 자수 원단과 세 개의 직사각형 중 한 조각을 앞면이 서로 마주 보게 포갠 뒤, 양옆과 아랫 부분을 시접 2cm로 바느질합니다. 다른 두 개의 직사각형도 시접 2cm로 바느질하세요.
4. 공그르기로 지퍼를 파우치 위에 답니다. 안감의 뒷면과 겉감의 뒷면을 마주 보게 해서 파우치 안으로 집어넣은 뒤, 겉감과 안감을 공그르기로 봉합합니다.
5. 자투리 천과 접착심을 가지고 지름 3cm 물방울 두 개와 3.5×2.5cm 크기의 직사각형 두 개를 재단합니다. 그다음, 접착심 조각들을 천 조각 뒷면에 각각 붙이세요.
6. 끈을 지퍼 안에 끼워 넣습니다. 두 개의 끈 끝 부분이 직사각형 천 중앙에 오게끔 밀어 넣은 뒤, 두 개의 직사각형 천을 포개어 붙입니다. 그리고 두 개의 물방울을 지퍼와 직사각형 사이의 중간 지점에 포개어 붙입니다. 이제 마를 때까지 기다립니다.

자수 크기- 19.5×9cm · 완성 작품 크기- 22×12cm

# 장난꾸러기 수고양이 서류 라벨

작업한 내용을 보관하는 서류철에도 고양이가 들어간다면 색다르게 보일 거예요.

### ♥ 준비물
- 14카운트 흰색 린넨 원단- 12×29cm
- DMC 면사- 색깔별로 1타래씩
- 두꺼운 접착심- 8×25cm
- 2mm 두께의 마분지- 8×25cm
- 천 접착제
- 톱니가위 한 개
- 서류철 한 개

### ♥ 자수 놓기
면사 두 가닥으로 린넨 원단 중심에서부터 모티브를 수놓으세요.

### ♥ 바느질하기
1. 접착심을 자수 뒷면에 붙입니다.
2. 시접 1cm를 남겨두고 여분의 원단을 톱니가위로 재단합니다.
3. 재단 뒤 남는 시접에 풀을 먹이고, 마분지 뒤로 접어서 붙입니다.
4. 완성된 라벨을 홀더 단면에 붙인 뒤, 마를 때까지 기다리세요.

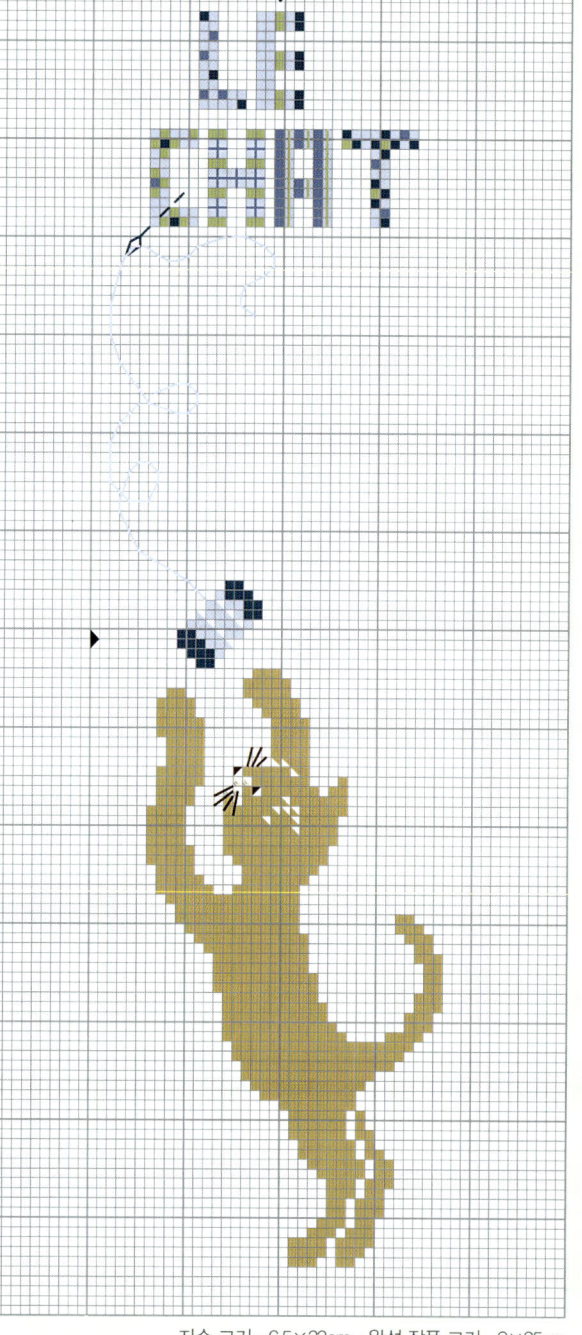

고양이

크로스스티치,
실 2가닥

| | |
|---|---|
| 3032 | 930 |
| 159 | 3364 |
| 160 | |

3/4 크로스스티치,
실 2가닥

| | |
|---|---|
| 159 | 3031 |
| 3032 | 3033 |

백스티치,
실 1가닥

| | |
|---|---|
| 159 | 3364 |
| 160 | 3031 |
| 930 | |

자수 크기- 6.5×23cm · 완성 작품 크기- 8×25cm

# 빗자루 탄 마녀 고양이 열쇠걸이

빗자루에 탄 검은 고양이가 털을 잔뜩 곤두세우고 있어요. 수상쩍게 주위를 어슬렁거리는 까마귀를 쫓으며 당신의 열쇠를 지켜주네요.

♥ **준비물**
- 14카운트 흰색 린넨 원단 – 30×20cm
- DMC 면사 – 색깔별로 1타래씩
- 두꺼운 접착심 – 24×13cm
- 혼방 멜턴 – 26×15cm
- 천 – 40×30cm
- 1cm 두께 널빤지 – 26×15cm
- 2mm 두께 마분지 – 25×14cm
- 열쇠걸이 세 개
- 액자걸이 한 개
- 톱니가위 한 개

♥ **자수 놓기**
면사 두 가닥으로 린넨 원단 중심에서부터 모티브를 수놓으세요.

♥ **바느질하기**
1. 자수 뒷면에 접착심을 붙이고 23×11cm 크기의 직사각형을 그린 뒤, 선 주위를 톱니가위로 재단합니다.
2. 혼방 멜턴을 널빤지 위에 포개어 놓고, 멜턴 위에 천을 포개어 놓습니다. 이때, 천 안쪽 면과 멜턴이 서로 마주 보아야 합니다. 남은 천은 널빤지 뒤로 접어서 붙입니다.
3. 마분지를 널빤지 뒤에 붙이고, 재단해 놓은 자수를 천 중앙에 붙인 다음, 각각 마를 때까지 기다립니다.
4. 액자걸이를 널빤지 뒤에 붙이고, 널빤지 앞면에는 열쇠걸이 세 개를 나사로 고정합니다. 가장 오른쪽 걸이를 왼쪽에서부터 13.5cm, 바닥에서부터 4cm에 위치시키고, 열쇠걸이 간격은 3cm로 합니다.

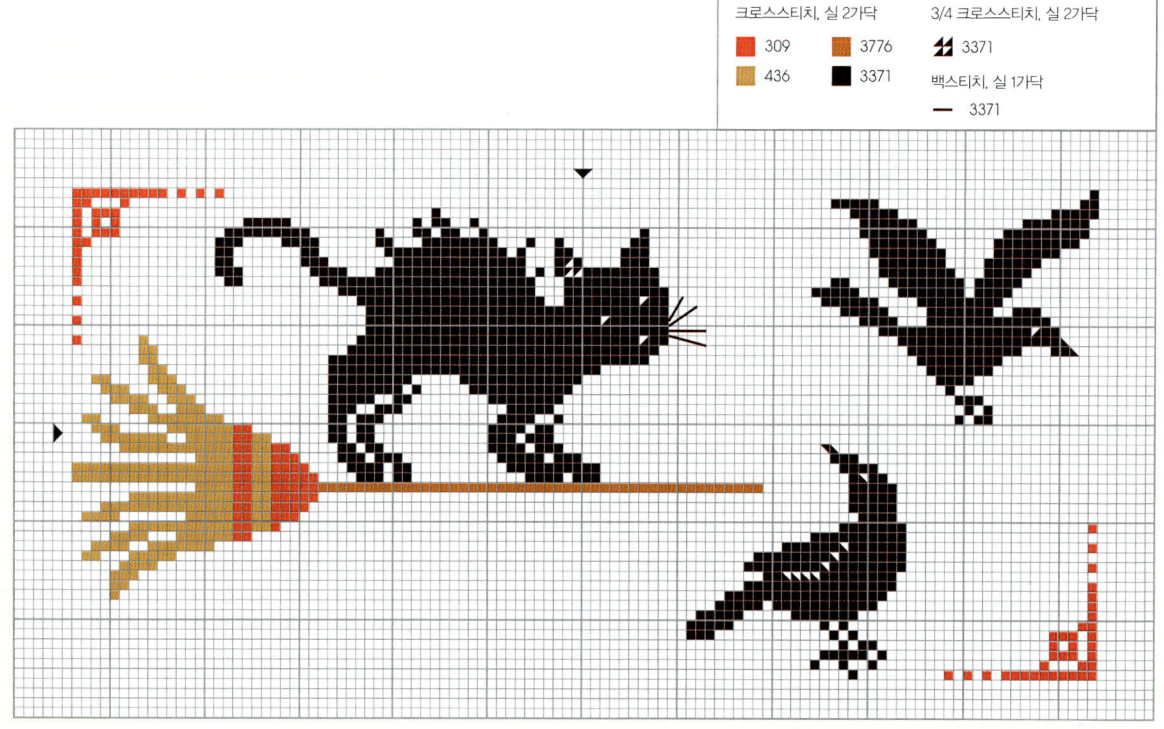

자수 크기 – 20×9cm · 완성 작품 크기 – 26×15cm

# 꽃무늬 고양이 화장솜 주머니

욕실을 아름답게 꾸며줄 꽃무늬 고양이를 만나보세요.

♥ **준비물**
- 14카운트 흰색 린넨 원단- 20×35cm
- DMC 면사- 색깔별로 1타래씩
- 접착심- 8×25.5cm
- 두꺼운 접착심- 5×7cm
- 판타지 천- 22×40cm
- 천 접착제
- 끝이 둥근 굵은 바늘 한 개
- 끈 한 개- 35cm 길이

♥ **자수 놓기**

면사 두 가닥으로 린넨 원단 중심에서부터 모티브를 수놓으세요.

♥ **바느질하기**

❶ 자수 뒷면에 8×25.5cm 크기의 접착심을 붙입니다. 접착심 둘레를 따라 선을 그린 뒤, 1cm 여분을 주고 자릅니다. 여분의 원단을 안쪽으로 접은 뒤 다림질합니다.

❷ 판타지 천 뒷면에 19×37cm 크기로 직사각형을 그립니다. 직사각형 바닥에서 5cm 올라간 지점에서 중앙에 맞춰서 천 앞면과 자수 뒷면을 마주 보도록 포갭니다. 자수를 핀으로 고정한 뒤, 재봉틀로 가장자리를 2mm 간격으로 박아주세요.

❸ 앞면과 앞면이 마주 보게 판타지 천을 세로로 반 접은 뒤, 창구멍을 남겨놓고 도면을 따라 시접 1.5cm 부분에 바느질합니다. 그다음, 도면에서 1cm 위 지점에서 나머지 천을 재단합니다.

❹ 만들어진 주머니의 아래 부분에서 천을 안쪽으로 1cm씩 두 번 접고, 밑단을 2mm 간격으로 박음질합니다. 중앙에 4cm의 구멍을 남겨놓고 공그르기로 창구멍을 메웁니다. 양옆 바닥 모서리의 뾰족한 부분은 평평하게 펴서 몇 땀 시침질하세요.

❺ 자루 윗부분에 홈을 만들 차례예요. 판타지 천을 안으로 1cm, 다시 1.5cm 접은 뒤, 단 주위를 따라 2mm 간격으로 박음질합니다. 홈에 끈을 끼웁니다.

❻ 자투리 천과 두꺼운 접착심을 가지고 지름 3cm 크기의 물방울 두 개를 만듭니다. 그다음, 접착심을 천 조각 뒤에 붙입니다. 두 개의 끈 끝 부분이 물방울 중앙에 오게끔 밀어 넣은 뒤, 두 개의 물방울을 포개어 붙입니다. 이제 마를 때까지 기다립니다.

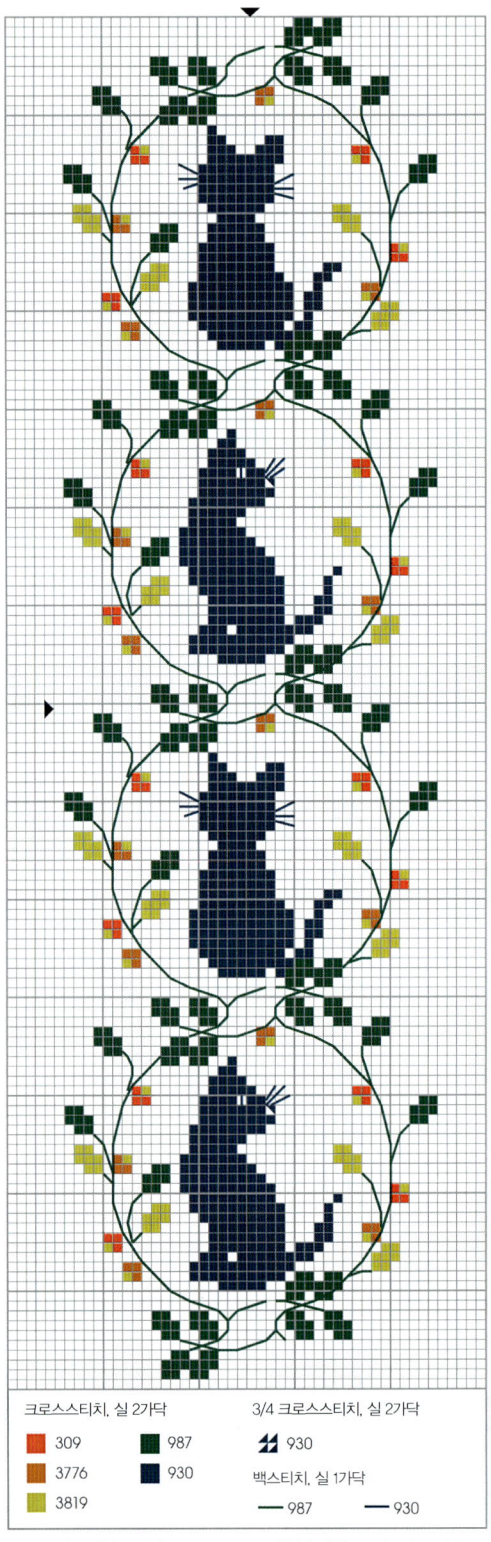

크로스스티치, 실 2가닥
- 309
- 3776
- 3819
- 987
- 930

3/4 크로스스티치, 실 2가닥
- 930

백스티치, 실 1가닥
- 987
- 930

자수 크기- 7×24.5cm · 완성 작품 크기- 9.5×33cm

# 귀족 고양이 앨범

우아한 새끼 고양이 세 마리가 앨범 표지 위에서 포즈를 취하고 있어요.

### ♥ 준비물
- 14카운트 흰색 린넨 원단– 61.5×22.5cm
- DMC 면사– 색깔별로 1타래씩
- 두꺼운 접착심– 45.5×20.5cm
- 양면 접착심– 15×10cm
- 판타지 천– 15×10cm
- 앨범 한 개– 20×20cm

### ♥ 준비하기
❶ 린넨 원단의 둘레를 지그재그스티치로 감침질한 다음, 원단의 중심을 찾으세요.
❷ 린넨 원단 세로 방향의 양 끝을 1cm 안으로 접고, 가로 방향의 양 끝을 7cm 안으로 접은 뒤, 다림질하세요.
❸ 판타지 천의 양 끝을 1cm씩 접어 감침질한 다음, 밑변이 7cm인 삼각형 플랩(flap) 두 개를 만듭니다.

### ♥ 자수 놓기
면사 두 가닥으로 모티브를 수놓으세요. 이때, 앨범 표지 오른쪽 부분에 맞춰 자수의 중심을 찾아야 합니다.

### ♥ 바느질하기
❶ 양면 접착심에 밑변이 7cm인 삼각형 두 개를 그린 뒤 재단합니다. 모서리 덮개의 심이 생겼네요.
❷ 모서리 덮개(플랩)를 공그르기한 다음, 심과 함께 린넨 모서리에 고정합니다
❸ 앨범 커버를 다림질한 다음, 안쪽에 앨범을 집어넣으세요.

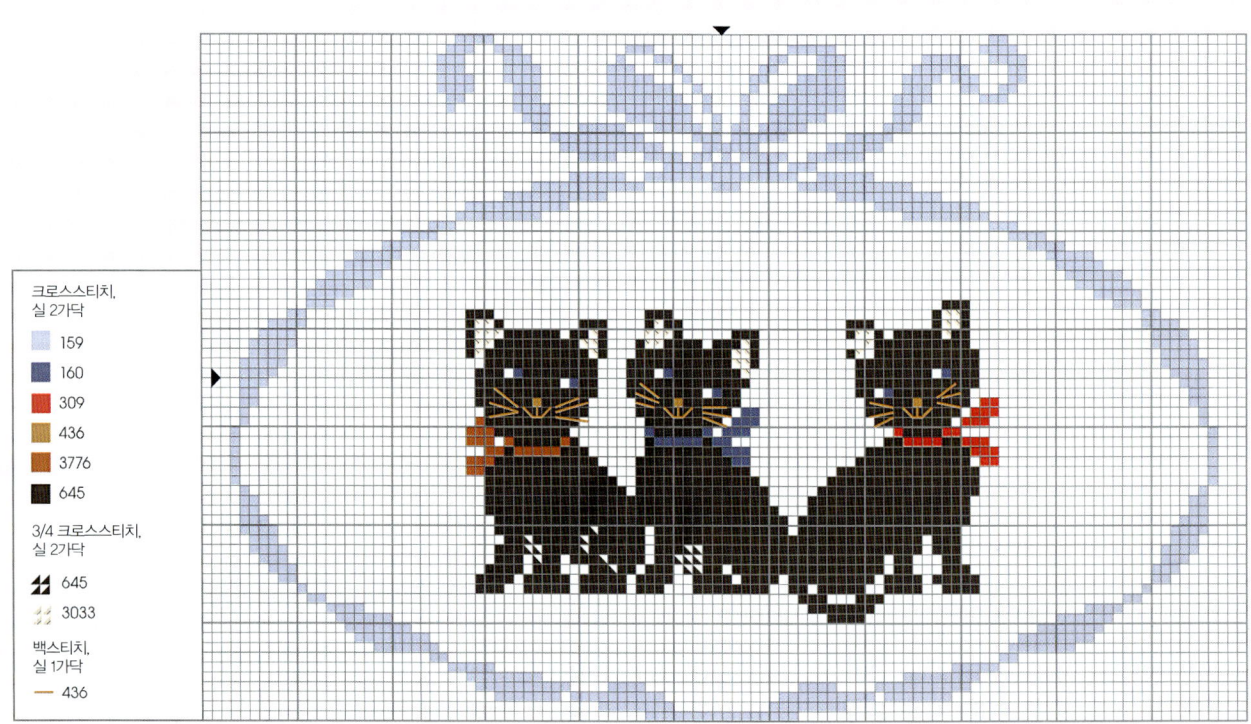

자수 크기– 19×13cm

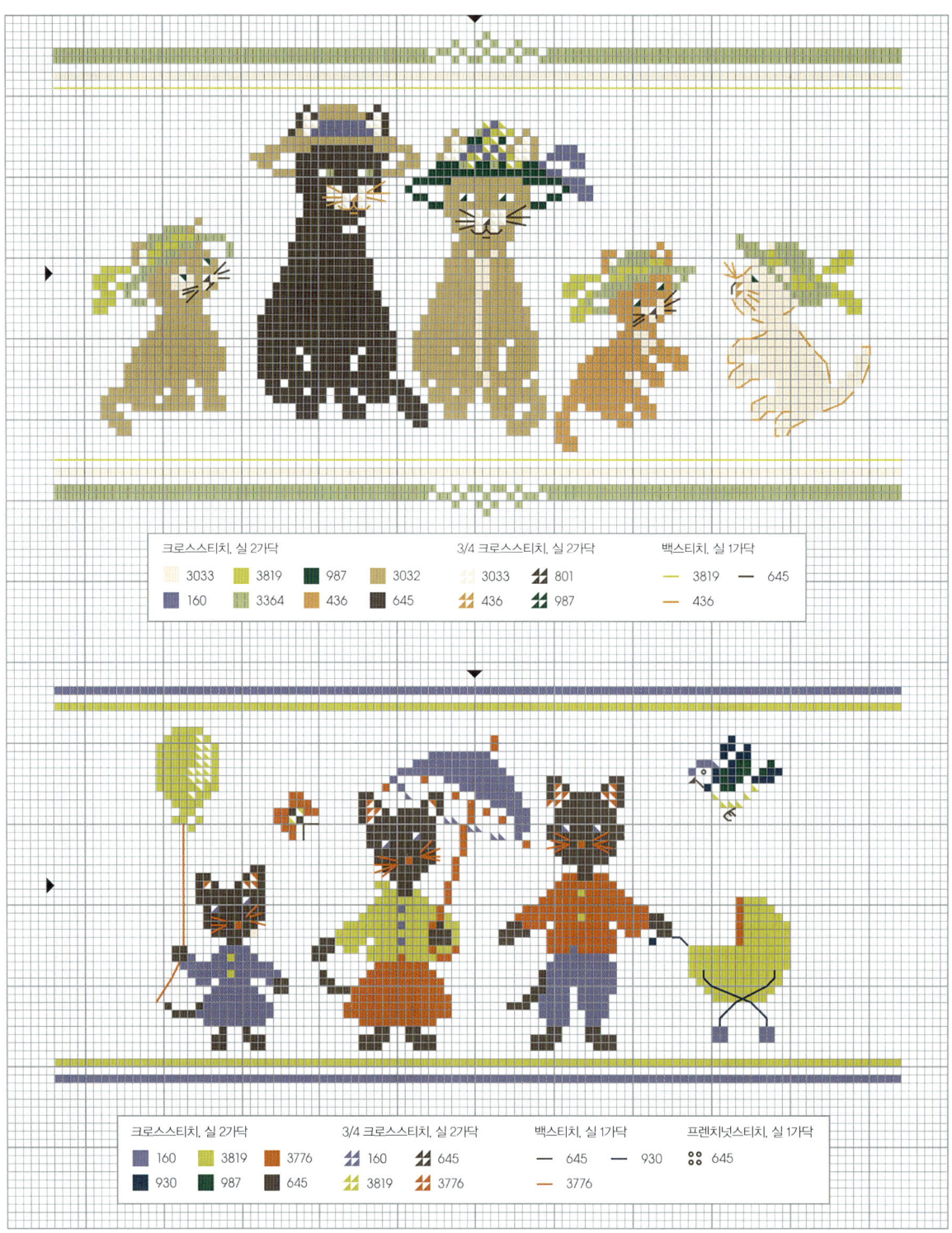

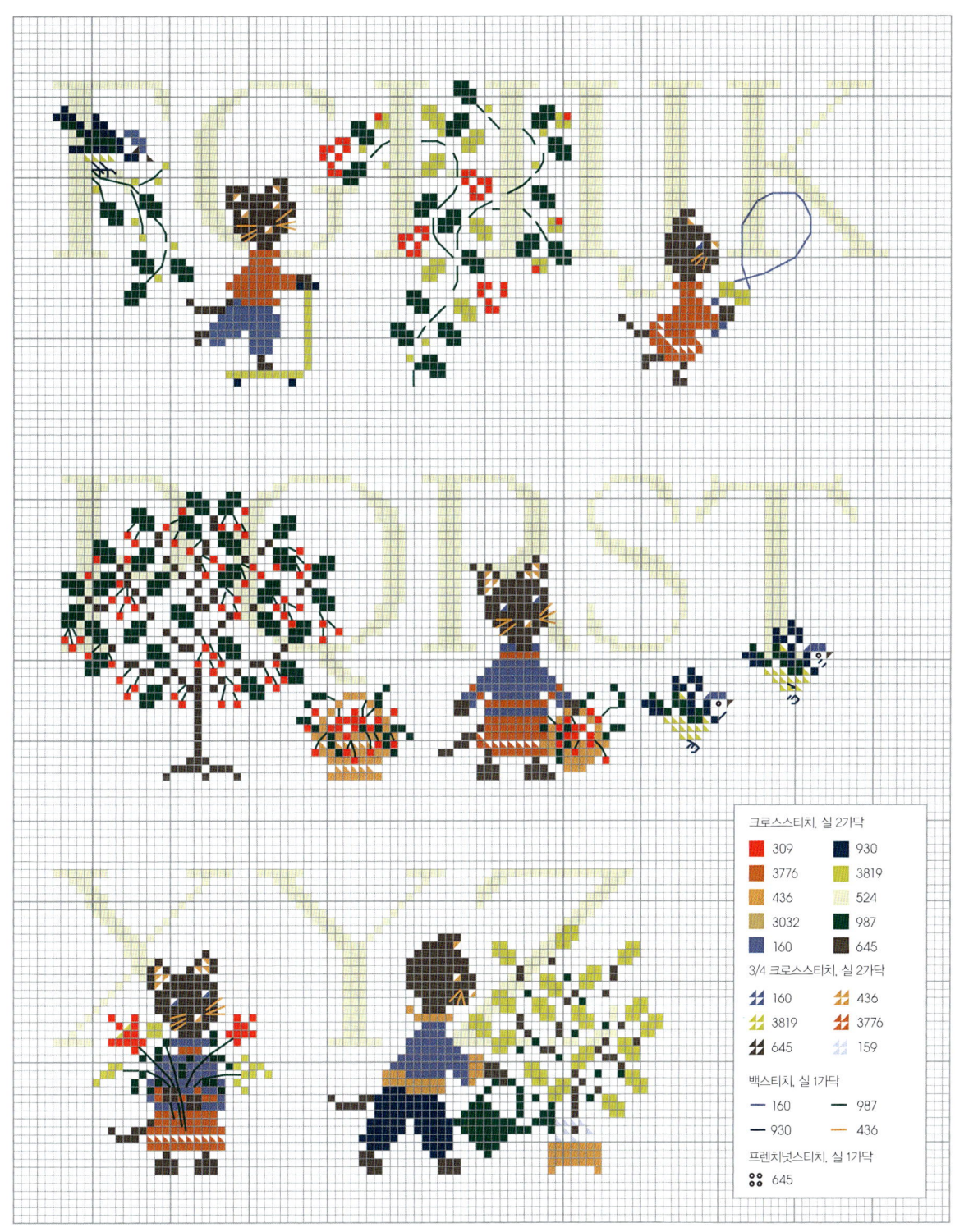

# 고양이와 생쥐 발레단 쿠션

오페라 무용단 쥐들이 푹신한 쿠션 위에서 마음껏 뛰놀면서 고양이 선생님을 약 올리네요.

### ♥ 준비물
- 14카운트 흰색 린넨 원단– 35×20cm
- DMC 면사– 색깔별로 1타래씩
- 별 모양 판타지 천– 35×13cm
- 화분 모양 판타지 천– 48×35cm
- 접착심– 35×14cm
- 혼방 멜턴

### ♥ 자수 놓기
면사 두 가닥으로 린넨 원단 중심에서부터 모티브를 수놓으세요.

### ♥ 바느질하기
❶ 자수 뒷면에 접착심을 붙인 다음, 접착심 뒷면에 35×11cm 크기의 직사각형을 그립니다. 도면 둘레에서 1cm의 시접을 남기고 재단하세요.
❷ 화분 모양 천을 펼치고 13×35cm 크기의 직사각형과 가로세로가 35cm인 정사각형을 하나씩 재단합니다.
❸ 자수 앞면과 별 모양 천의 앞면을 서로 마주 보게 겹쳐 놓은 뒤, 자수의 윗부분을 바느질합니다. 이번에는 자수 앞면과 화분 모양 천의 앞면을 마주 보게 겹쳐 놓은 뒤, 자수의 아랫부분을 바느질합니다. 이제 바느질 선을 따라 다림질합니다.
❹ 이렇게 해서 쿠션의 앞면이 만들어졌는데요, 이 천의 뒷면과 재단해 놓은 화분 모양의 천에 각각 가로세로 30cm 크기의 정사각형을 그립니다. 그 다음, 선을 따라 둘레를 바느질하되, 한쪽에 6~7cm 정도 창구멍을 남겨두세요.
❺ 앞쪽으로 뒤집어서 쿠션을 넣은 뒤, 공그르기로 창구멍을 꿰맵니다.

고양이가 없을 때 생쥐가 춤춘다.

크로스스티치.
실 2가닥
- 160
- 436
- 3032
- 645

3/4 크로스스티치.
실 2가닥
- 436

백스티치.
실 1가닥
- 160
- 436
- 645

프렌치넛스티치.
실 1가닥
- 436

자수 크기– 19×9.5cm · 완성 작품 크기– 30×30cm

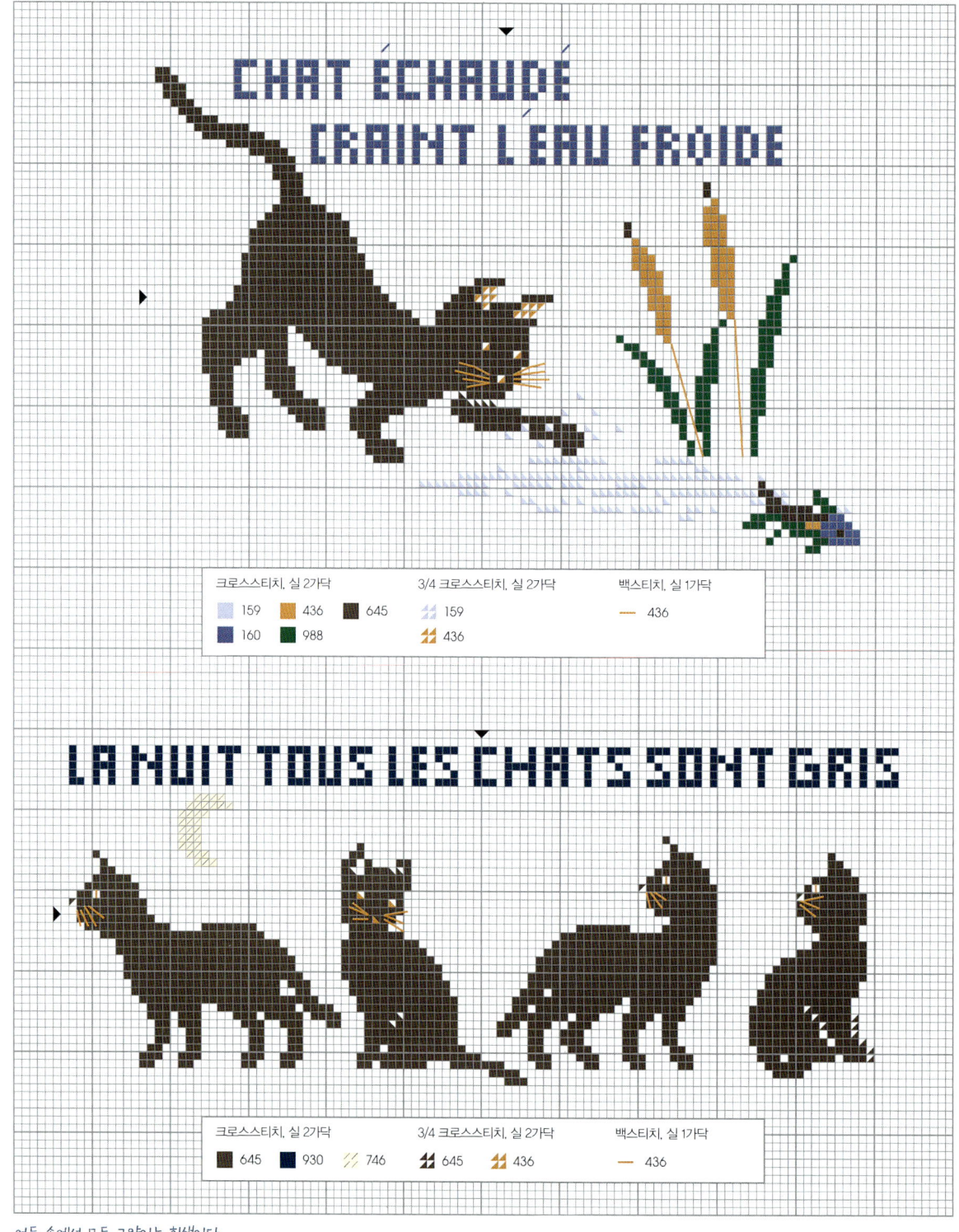

# 샴고양이 핀킵

즐거운 바느질 작업을 위해 매우 실용적인, 다양한 종류의 핀킵을 만들어 보세요. 핀킵이 있다면 누구나 쉽게 작품을 만들고, 재료를 수집할 수 있답니다.

### ♥ 준비물
- 14카운트 흰색 린넨 원단– 15×15cm
- DMC 면사– 색깔별로 1타래씩
- 판타지 천– 15×15cm
- 접착심– 15×15cm
- 혼방 멜턴 두 장– 10×8cm
- 3mm 두께 마분지 두 장– 10×8cm
- 다양한 색의 바이어스– 40cm
- 천 접착제
- 톱니가위 한 개
- 여러 가지 색깔 핀

### ♥ 자수 놓기
면사 두 가닥으로 린넨 원단 중심에서부터 모티브를 수놓으세요.

### ♥ 바느질하기
❶ 자수 뒷면에 접착심을 붙입니다. 원단 가장자리에서 안쪽으로 1.5cm 되는 부분에 선을 그린 뒤, 톱니가위로 재단하세요.
❷ 마분지 위에 혼방 멜턴 한 장을 포개어 놓습니다. 혼방 멜턴 위에 자수 뒷면을 포갠 뒤, 원단 나머지 부분을 마분지 뒤로 접어서 붙이세요.
❸ 다른 마분지 위에도 혼방 멜턴 한 장을 포갭니다. 혼방 멜턴 위에 판타지 천 뒷면을 포갠 뒤, 천의 나머지 부분을 마분지 뒤로 접어서 붙이세요.
❹ 마분지 위에 풀을 발라서 두 개를 서로 붙이세요. 이제 마를 때까지 기다립니다.
❺ 완성된 단면 둘레에 바이어스를 감고, 핀을 꽂아 장식합니다.

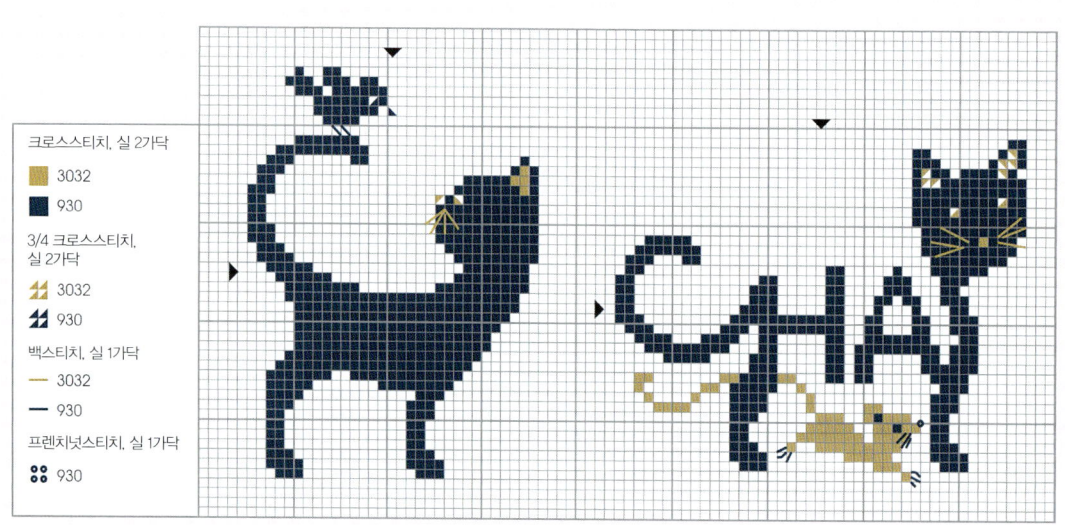

자수 크기– 8×6cm · 완성 작품 크기– 10×8cm

# 미풍에 노래하는 새끼 고양이 옷걸이

옷걸이 덮개 위에 수놓아진 세 마리 새끼 고양이를 보세요. 옷을 걸 때, 콧노래를 부르지 않을 수 없겠네요!

### ♥ 준비물
- 14카운트 흰색 린넨 원단– 45×25cm
- DMC 면사– 색깔별로 1타래씩
- 두꺼운 접착심– 45×25cm
- 판타지 천– 50×45cm
- 트레이싱페이퍼(투사지)
- 옷걸이 한 개

### ♥ 자수 놓기
면사 두 가닥으로 린넨 원단 중심에서부터 모티브를 수놓으세요.

### ♥ 바느질하기
1. 접착심을 자수 뒷면에 붙입니다.
2. 옷걸이를 트레이싱페이퍼 위에 올려놓고, 윗부분 둘레를 따라 그리세요. 이때, 양쪽 옆 부분에 10cm의 선을 추가로 연장해서 그려야 합니다. 트레이싱페이퍼를 세로로 반 접어 도선에 균형을 잡아줍니다.
3. 판타지 천 위에 45×25cm 크기의 직사각형 한 개와 25×15cm 크기의 직사각형 두 개를 그린 뒤, 재단합니다. 그다음, 옷본을 자수 뒷면과 판타지 천 뒷면에 놓고 재단합니다. 이때, 전체 둘레에는 0.5cm, 아래쪽 도선에는 2cm의 여분을 각각 남겨두세요.
4. 자수의 중심을 잡고, 양옆에서 11cm 되는 곳에 각각 수직선을 그리세요.
5. 25×15cm 크기로 자른 판타지 천과 자수의 앞면이 서로 마주보게 놓습니다. 이때, 천의 수직 단이 왼쪽 수직선에서부터 1cm 지점에 남아있는지 확인하세요. 천의 세로 방향에 따라 바느질한 다음, 뒤집어서 다림질하세요. 자수의 오른쪽 부분에도 같은 작업을 반복합니다.
6. 천으로 만든 옷본과 자수의 앞면이 서로 마주보게 포갭니다. 양옆과 윗부분을 바느질하되, 옷걸이의 갈고리를 넣기 위한 1cm의 창구멍을 남겨 놓으세요. 이제 앞면으로 뒤집어서 다림질하세요.
7. 덮개의 아래쪽 둘레를 1cm 접어서 감친 다음, 옷걸이를 안에 끼워 넣습니다.

세 마리 작은 새끼 고양이, 작은 새끼 고양이, 작은 새끼 고양이

크로스스티치, 실 2가닥
- 3033
- 160
- 309
- 3776
- 645

3/4 크로스스티치, 실 2가닥
- 3033
- 988
- 436

백스티치, 실 1가닥
- 160
- 436
- 3776

자수 크기– 19×8.5cm · 완성 작품 크기– 42×19cm

# 내 아이를 위한 3단 고양이 쿠션

아이 이름의 영문 이니셜을 고양이와 함께 하나씩 수놓아보세요. 앙증맞은 쿠션이 아이의 방을 웃음으로 가득 채워 줄 거예요.

### ♥ 쿠션을 위한 준비물(1개)
- 14카운트 흰색 린넨 원단 – 12×12cm
- DMC 면사 – 색깔별로 1타래씩
- 판타지 천 – 12×12cm
- 혼방 멜턴
- 접착심 – 12×12cm

### ♥ 장식물을 위한 준비물
- 광택이 있는 붉은색 면사 – 80cm
- 굵은 바늘 한 개
- 천 접착제
- 나무 구슬 여섯 개, 방울 한 개

### ♥ 자수 놓기
면사 두 가닥으로 린넨 원단 중심에서부터 모티브를 수놓으세요.

### ♥ 바느질하기
❶ 자수 뒷면에 접착심을 붙입니다. 8×8cm 크기의 정사각형을 접착심 뒷면에 그린 뒤, 도선 둘레에 1cm 시접을 남기고 재단하세요.
❷ 자수와 판타지 천의 앞면이 서로 마주 보도록 포갭니다. 쿠션 속을 넣기 위해 아랫부분에 4cm 창구멍을 남겨 놓은 뒤, 도선을 따라 바느질하세요. 이제 앞면으로 뒤집어서 쿠션 속을 넣은 다음, 공그르기로 창구멍을 메웁니다.
❸ 같은 작업을 반복하여 나머지 두 개의 쿠션도 완성합니다.
❹ 광택이 있는 면사 두 줄을 바늘에 꿴 다음, 맨 위 쿠션에서부터 맨 아래 쿠션까지 중앙을 관통하면서 쿠션과 쿠션 사이에 구슬을 끼워 넣습니다.
❺ 맨 위쪽에 고리를 만듭니다. 풀을 한 번 먹인 매듭을 붙여 고리를 고정하세요.
❻ 맨 아래 쿠션 밑에 면사로 구슬과 방울을 꿴 다음, 매듭을 묶어줍니다.

 **Tip**

수놓을 이름이나 낱말 길이에 따라, 작은 쿠션들을 두 개의 끈으로 꿰어 수평으로 배열할 수도 있습니다.

| 크로스스티치, 실 2가닥 | | 3/4 크로스스티치, 실 2가닥 | 백스티치, 실 1가닥 |
|---|---|---|---|
| 309 | 987 | 3819 | 436 |
| 3776 | 160 | 645 | 3776 |
| 3819 | 930 | 436 | 645 |
| 3348 | 645 | | |

자수 크기 – 6.5×6.5cm · 완성 작품(쿠션) 크기 – 8×8cm

# 도시의 길고양이 그림

일상적인 삶의 한 장면을 오래 간직하도록 그림으로 수놓아 보세요. 새벽녘 지붕 위를 걷고 있는 고양이들의 모습이 친근하네요.

### ♥ 준비물
- 14카운트 흰색 린넨 원단- 30×26cm
- DMC 면사- 색깔별로 1타래씩

### ♥ 자수 놓기
면사 두 가닥으로 린넨 원단 중심에서부터 모티브를 수놓으세요.

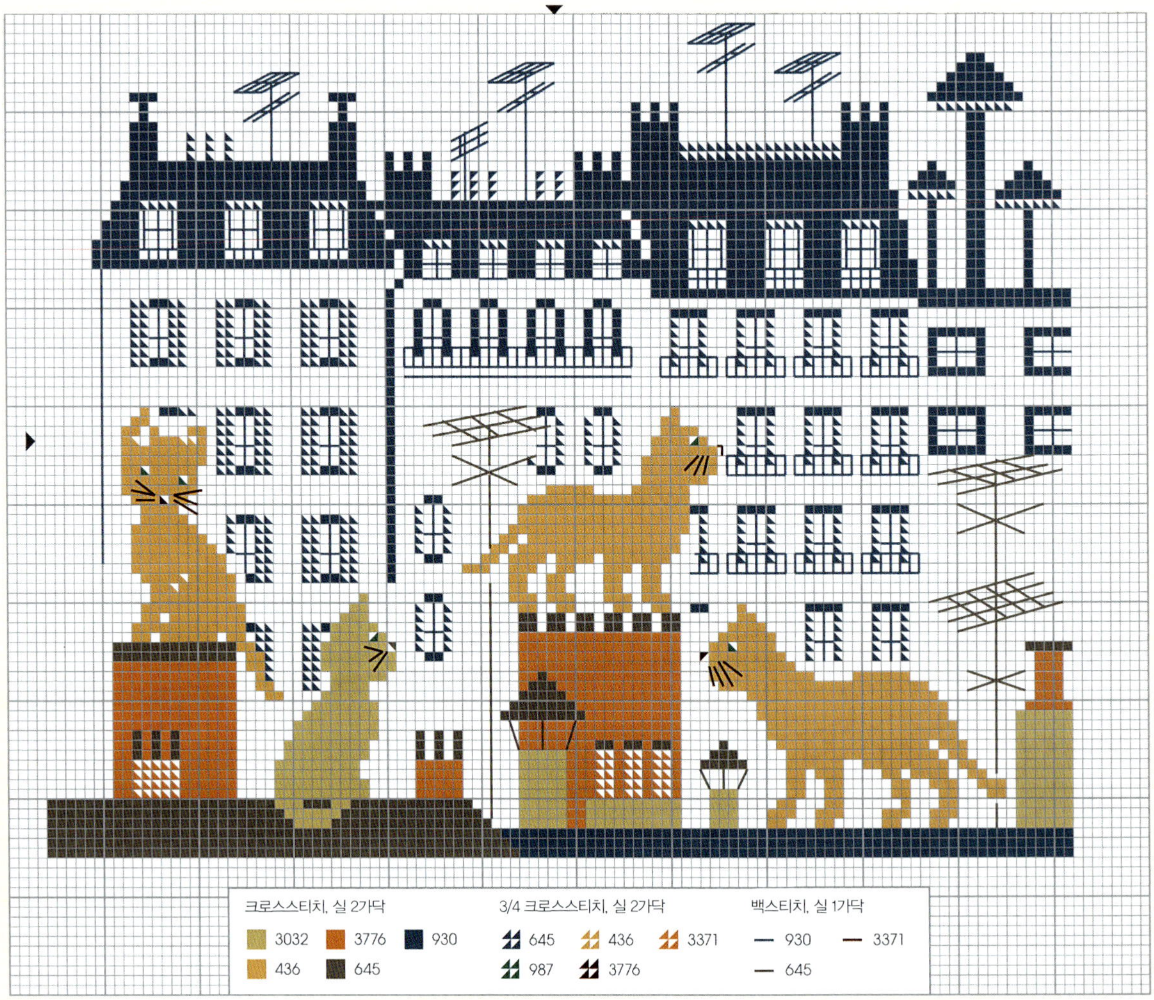

| 크로스스티치, 실 2가닥 | | | 3/4 크로스스티치, 실 2가닥 | | 백스티치, 실 1가닥 | |
|---|---|---|---|---|---|---|
| 3032 | 3776 | 930 | 645 | 436 | 930 | 3371 |
| 436 | 645 | | 987 | 3776 | 645 | 3371 |

자수 크기- 19.5×16cm

### 글·작품 피렛트 사모이로프 Perrette Samouiloff

피렛트 사모이로프는 프랑스에서 가장 사랑받는 자수 아티스트이자 직물 관련 분야에서 유명한 작가입니다. 고급 아동복 업체에서 15년간 경력을 쌓은 뒤 십자수의 세계에 열정적으로 빠져들었고, 자신만의 시적이고 부드러운 십자수 도안을 만들어냈습니다. 이 도안들은 사모이로프가 유달리 좋아하는 어린이 세계를 감탄스러울 만큼 훌륭하게 반영하며, 훌륭한 색감과 디자인 감각으로 끊임없이 발전하는 작가로 발돋움하였습니다. 사모이로프는 여러 책을 통해 자신의 작품을 사람들과 함께 나누는 데서 큰 기쁨을 느낍니다.

### 옮긴이 유서연

이화여자대학교 철학과와 같은 대학원을 졸업하고, 파리 4대학 철학과 DEA를 마친 후 파리 1대학 철학과 박사를 수료했습니다. 옮긴 책으로 〈20세기 서양철학의 흐름〉(cjbooks, 2006)이 있으며, 영화 리뷰 여러 편과 인문학 논문을 우리말과 프랑스어로 옮겼습니다.

### 옮긴이의 말

지금은 한국에도 고양이를 키우시고 사랑하시는 분들이 많지요. 프랑스 주택가에서는 봄이 되면 따뜻한 바깥 햇살을 찾아 어슬렁거리는 갖가지 색의 예쁜 고양이들을 집집이 한 마리씩은 발견할 수 있답니다. 이 친숙한 집쾡이들이 아름다운 십자수 도안으로, 그리고 십자수를 활용한 멋진 생활용품으로 새롭게 탄생하는 〈고양이 십자수〉를 처음 읽었을 때, 그 정교함과 아름다움에 탄성을 질렀습니다. 〈고양이 십자수〉에는 섬세하고 우아한 도안에서부터 고양이와 관련된 재미있는 프랑스 속담에 어울리는 유머러스한 도안에 이르기까지 볼거리와 만들 거리가 풍성합니다.

---

생활 속 모든 물건을 예쁘게 꾸며주는
## 고양이 십자수

초판 1쇄 발행 2014년 2월 20일

글·작품  피렛트 사모이로프
옮긴이  유서연
펴낸이  박진영
감수  김은희
편집  김윤정
디자인  su:
마케팅  이진경
제작  황희형
펴낸곳  머스트비
등록  2012년 9월 6일 제396-2012-000154호
주소  경기 고양시 일산동구 백마로 223 현대에뜨레보 325호
전화  031-902-0091 | 팩스  031-902-0920 | 이메일  mustb0091@naver.com

잘못된 책은 구입하신 곳에서 바꿔드립니다.
책값은 뒤표지에 있습니다.

ISBN 978-89-98433-22-2 13630

이 책은 저작권법에 따라 보호받는 저작물이므로 무단전재와 무단복제를 금지하며,
이 책 내용의 전부 또는 일부를 이용하려면 반드시 저작권자와 머스트비의 서면동의를 받아야 합니다.

이 도서의 국립중앙도서관 출판시도서목록(CIP)은 서지정보유통지원시스템 홈페이지(http://seoji.nl.go.kr)와 국가자료공동목록시스템(http://www.nl.go.kr/kolisnet)에서 이용하실 수 있습니다.(CIP제어번호: CIP2013027092)